Baby Tagebuch
unser erstes gemeinsames Jahr

BabyMemories Publishing
Benzhauser Straße 23
79108 Freiburg im Breisgau

© 2019

Das Werk, einschließlich seiner Teile, ist urheberrechtlich geschützt.
Jede Verwertung außerhalb der engen Grenzen des Urheberrechtsgesetzes ist ohne Zustimmung des Verlag und des Autors unzulässig. Dies gilt insbesondere für elektronische oder sonstige Vervielfältigung, Übersetzungen, Verbreitung und öffentliche Zugänglichmachung.

Unsere 1. Woche

Datum: ....

Was hast Du diese Woche besonderes erlebt: ....
....
....
....
....
....

Was hast Du diese Woche neues gelernt: ....
....
....
....
....

Kommentar von Mama: .... Kommentar von Papa: ....
....
....
....

Unsere 2. Woche

Datum: ....

Was hast Du diese Woche besonderes erlebt: ....
....
....
....
....
....

Was hast Du diese Woche neues gelernt: ....
....
....
....
....

Kommentar von Mama: ....   Kommentar von Papa: ....
....
....
....

Unsere 3. Woche

Datum: ....

Was hast Du diese Woche besonderes erlebt: ....

....

....

....

....

....

Was hast Du diese Woche neues gelernt: ....

....

....

....

....

Kommentar von Mama: ....   Kommentar von Papa: ....

....

....

....

Unsere 4. Woche

Datum: ....

Was hast Du diese Woche besonderes erlebt: ....

....

....

....

....

....

Was hast Du diese Woche neues gelernt: ....

....

....

....

....

Kommentar von Mama: ....

....

....

....

Kommentar von Papa: ....

....

....

....

Unser 1. Monat

Körpergröße: ....

Gewicht: ....

Kopfumfang: ....

Dein Fußabdruck:

Foto

Dein Handabdruck:

Du bringst uns zum lächeln wenn: ....
....
....
....

Das gefällt Dir sehr: Das gefällt Dir gar nicht:

....
....
....

Das sind die Top Schlagzeilen diesen Monat: ....
....
....
....
....

Bundesliga Tabelle Platz 1-3:   Charts Platz 1-3:

....
....
....

Unsere 5. Woche

Datum: ....

Was hast Du diese Woche besonderes erlebt: ....

....

....

....

....

....

Was hast Du diese Woche neues gelernt: ....

....

....

....

....

Kommentar von Mama: .... Kommentar von Papa: ....

....

....

....

Unsere 6. Woche

Datum: ....

Was hast Du diese Woche besonderes erlebt: ....
....
....
....
....
....

Was hast Du diese Woche neues gelernt: ....
....
....
....
....

Kommentar von Mama: .... Kommentar von Papa: ....
....
....
....

Unsere 7. Woche

Datum: ....

Was hast Du diese Woche besonderes erlebt: ....
....
....
....
....
....

Was hast Du diese Woche neues gelernt: ....
....
....
....
....

Kommentar von Mama: .... Kommentar von Papa: ....
....
....
....

Unsere 8. Woche

Datum: ....

Was hast Du diese Woche besonderes erlebt: ....
....
....
....
....
....

Was hast Du diese Woche neues gelernt: ....
....
....
....
....

Kommentar von Mama: .... Kommentar von Papa: ....
....
....
....

Unser 2. Monat

Körpergröße: ....

Gewicht: ....

Kopfumfang: ....

Dein Fußabdruck:

Foto

Dein Handabdruck:

Du bringst uns zum lächeln wenn:
....

....

....

....

Das gefällt Dir sehr:

....

....

....

Das gefällt Dir gar nicht:

....

....

....

Das sind die Top Schlagzeilen diesen Monat:
....

....

....

....

Bundesliga Tabelle Platz 1-3:

....

....

....

Charts Platz 1-3:

....

....

....

Unsere 9. Woche

Datum: ....

Was hast Du diese Woche besonderes erlebt: ....
....
....
....
....
....

Was hast Du diese Woche neues gelernt: ....
....
....
....
....

Kommentar von Mama: .... Kommentar von Papa: ....
....
....
....

Unsere 10. Woche

Datum: ....

Was hast Du diese Woche besonderes erlebt: ....

....
....
....
....
....

Was hast Du diese Woche neues gelernt: ....

....
....
....
....

Kommentar von Mama: .... Kommentar von Papa: ....

....
....
....

Unsere 11. Woche

Datum: ....

Was hast Du diese Woche besonderes erlebt: ....
....
....
....
....
....

Was hast Du diese Woche neues gelernt: ....
....
....
....
....

Kommentar von Mama: ....
....
....
....

Kommentar von Papa: ....
....
....
....

Unsere 12. Woche

Datum: ....

Was hast Du diese Woche besonderes erlebt: ....
....
....
....
....
....

Was hast Du diese Woche neues gelernt: ....
....
....
....
....

Kommentar von Mama: .... Kommentar von Papa: ....
....
....
....

Unser 3. Monat

Körpergröße: ▵----------------------▵

Gewicht: ▵----------------------▵

Kopfumfang: ▵----------------------▵

Foto

Dein Fußabdruck:

Dein Handabdruck:

Du bringst uns zum lächeln wenn:

....

....

....

....

Das gefällt Dir sehr:

....

....

....

Das gefällt Dir gar nicht:

....

....

....

Das sind die Top Schlagzeilen diesen Monat:

....

....

....

....

....

Bundesliga Tabelle Platz 1-3:

....

....

....

Charts Platz 1-3:

....

....

....

Unsere 13. Woche

Datum: ....

Was hast Du diese Woche besonderes erlebt: ....

....
....
....
....
....

Was hast Du diese Woche neues gelernt: ....

....
....
....
....

Kommentar von Mama: .... Kommentar von Papa: ....

....
....
....

Unsere 14. Woche

Datum: ....

Was hast Du diese Woche besonderes erlebt: ....
....
....
....
....
....

Was hast Du diese Woche neues gelernt: ....
....
....
....
....

Kommentar von Mama: .... Kommentar von Papa: ....
....
....
....

Unsere 15. Woche

Datum: ....

Was hast Du diese Woche besonderes erlebt: ....
....
....
....
....
....

Was hast Du diese Woche neues gelernt: ....
....
....
....
....

Kommentar von Mama: .... Kommentar von Papa: ....
....
....
....

Unsere 16. Woche

Datum: ....

Was hast Du diese Woche besonderes erlebt: ....

....

....

....

....

....

Was hast Du diese Woche neues gelernt: ....

....

....

....

....

Kommentar von Mama: .... Kommentar von Papa: ....

....

....

....

Unser 4. Monat

Körpergröße: ....

Gewicht: ....

Kopfumfang: ....

Dein Fußabdruck:

Foto

Dein Handabdruck:

Du bringst uns zum lächeln wenn:

- ....
- ....
- ....
- ....

Das gefällt Dir sehr:

- ....
- ....
- ....

Das gefällt Dir gar nicht:

- ....
- ....
- ....

Das sind die Top Schlagzeilen diesen Monat:

- ....
- ....
- ....
- ....
- ....

Bundesliga Tabelle Platz 1-3:

- ....
- ....
- ....

Charts Platz 1-3:

- ....
- ....
- ....

Unsere 17. Woche

Datum: ....

Was hast Du diese Woche besonderes erlebt: ....
....
....
....
....
....

Was hast Du diese Woche neues gelernt: ....
....
....
....
....

Kommentar von Mama: .... Kommentar von Papa: ....
....
....
....

Unsere 18. Woche

Datum: ....

Was hast Du diese Woche besonderes erlebt: ....
....
....
....
....
....

Was hast Du diese Woche neues gelernt: ....
....
....
....
....

Kommentar von Mama: .... Kommentar von Papa: ....
....
....
....

Unsere 19. Woche

Datum: ....

Was hast Du diese Woche besonderes erlebt: ....

....

....

....

....

....

Was hast Du diese Woche neues gelernt: ....

....

....

....

....

Kommentar von Mama: .... Kommentar von Papa: ....

....

....

....

Unsere 20. Woche

Datum: ....

Was hast Du diese Woche besonderes erlebt: ....

....

....

....

....

....

Was hast Du diese Woche neues gelernt: ....

....

....

....

....

Kommentar von Mama: .... Kommentar von Papa: ....

....

....

....

Unser 5. Monat

Körpergröße: ....

Gewicht: ....

Kopfumfang: ....

Foto

Dein Fußabdruck:

Dein Handabdruck:

Du bringst uns zum lächeln wenn:

Das gefällt Dir sehr:

Das gefällt Dir gar nicht:

Das sind die Top Schlagzeilen diesen Monat:

Bundesliga Tabelle Platz 1-3:

Charts Platz 1-3:

Unsere 21. Woche

Datum: ....

Was hast Du diese Woche besonderes erlebt: ....
....
....
....
....
....

Was hast Du diese Woche neues gelernt: ....
....
....
....
....

Kommentar von Mama: ....   Kommentar von Papa: ....
....
....
....

Unsere 22. Woche

Datum: ....

Was hast Du diese Woche besonderes erlebt: ....
....
....
....
....
....

Was hast Du diese Woche neues gelernt: ....
....
....
....
....

Kommentar von Mama: .... Kommentar von Papa: ....
....
....
....

Unsere 23. Woche Datum: ....

Was hast Du diese Woche besonderes erlebt: ....
....
....
....
....
....

Was hast Du diese Woche neues gelernt: ....
....
....
....
....

Kommentar von Mama: .... Kommentar von Papa: ....
....
....
....

Unsere 24. Woche   Datum:

Was hast Du diese Woche besonderes erlebt:

Was hast Du diese Woche neues gelernt:

Kommentar von Mama: Kommentar von Papa:

Unser 6. Monat

Körpergröße:

Gewicht:

Kopfumfang:

Dein Fußabdruck:

Foto

Dein Handabdruck:

Du bringst uns zum lächeln wenn:

....

....

....

Das gefällt Dir sehr:

....

....

....

Das gefällt Dir gar nicht:

....

....

....

Das sind die Top Schlagzeilen diesen Monat:

....

....

....

....

Bundesliga Tabelle Platz 1-3:

....

....

....

Charts Platz 1-3:

....

....

....

Unsere 25. Woche   Datum: ....

Was hast Du diese Woche besonderes erlebt: ....
....
....
....
....
....

Was hast Du diese Woche neues gelernt: ....
....
....
....
....

Kommentar von Mama: ....   Kommentar von Papa: ....
....
....
....

Unsere 26. Woche

Datum: ....

Was hast Du diese Woche besonderes erlebt: ....
....
....
....
....
....

Was hast Du diese Woche neues gelernt: ....
....
....
....
....

Kommentar von Mama: .... Kommentar von Papa: ....
....
....
....

Unsere 27. Woche

Datum: ....

Was hast Du diese Woche besonderes erlebt: ....

....

....

....

....

....

Was hast Du diese Woche neues gelernt: ....

....

....

....

....

Kommentar von Mama: ....   Kommentar von Papa: ....

....

....

....

Unsere 28. Woche

Datum: ....

Was hast Du diese Woche besonderes erlebt: ....

....

....

....

....

....

Was hast Du diese Woche neues gelernt: ....

....

....

....

....

Kommentar von Mama: .... Kommentar von Papa: ....

....

....

....

Unser 7. Monat

Körpergröße: ....

Gewicht: ....

Kopfumfang: ....

Foto

Dein Fußabdruck:

Dein Handabdruck:

Du bringst uns zum lächeln wenn: ....

....

....

....

Das gefällt Dir sehr: Das gefällt Dir gar nicht:

....

....

....

Das sind die Top Schlagzeilen diesen Monat: ....

....

....

....

....

Bundesliga Tabelle Platz 1-3:   Charts Platz 1-3:

....

....

....

Unsere 29. Woche

Datum: ....

Was hast Du diese Woche besonderes erlebt: ....

....

....

....

....

....

Was hast Du diese Woche neues gelernt: ....

....

....

....

....

Kommentar von Mama: ....   Kommentar von Papa: ....

....

....

....

Unsere 30. Woche

Datum: ....

Was hast Du diese Woche besonderes erlebt: ....
....
....
....
....
....

Was hast Du diese Woche neues gelernt: ....
....
....
....
....

Kommentar von Mama: ....   Kommentar von Papa: ....
....
....
....

Unsere 31. Woche   Datum: ....

Was hast Du diese Woche besonderes erlebt: ....
....
....
....
....
....

Was hast Du diese Woche neues gelernt: ....
....
....
....
....

Kommentar von Mama: ....   Kommentar von Papa: ....
....
....
....

Unsere 32. Woche

Datum: ....

Was hast Du diese Woche besonderes erlebt: ....
....
....
....
....
....

Was hast Du diese Woche neues gelernt: ....
....
....
....
....

Kommentar von Mama: .... Kommentar von Papa: ....
....
....
....

Unser 8. Monat

Körpergröße: ....

Gewicht: ....

Kopfumfang: ....

Dein Fußabdruck:

Foto

Dein Handabdruck:

Du bringst uns zum lächeln wenn:

....

....

....

....

Das gefällt Dir sehr:

....

....

....

Das gefällt Dir gar nicht:

....

....

....

Das sind die Top Schlagzeilen diesen Monat:

....

....

....

....

Bundesliga Tabelle Platz 1-3:

....

....

....

Charts Platz 1-3:

....

....

....

Unsere 33. Woche

Datum: ....

Was hast Du diese Woche besonderes erlebt: ....
....
....
....
....
....

Was hast Du diese Woche neues gelernt: ....
....
....
....
....

Kommentar von Mama: ....
....
....
....

Kommentar von Papa: ....
....
....
....

Unsere 34. Woche   Datum:

Was hast Du diese Woche besonderes erlebt:

Was hast Du diese Woche neues gelernt:

Kommentar von Mama: Kommentar von Papa:

Unsere 35. Woche

Datum: ....

Was hast Du diese Woche besonderes erlebt: ....
....
....
....
....
....

Was hast Du diese Woche neues gelernt: ....
....
....
....
....

Kommentar von Mama: .... Kommentar von Papa: ....
....
....
....

Unsere 36. Woche

Datum: ....

Was hast Du diese Woche besonderes erlebt: ....
....
....
....
....
....

Was hast Du diese Woche neues gelernt: ....
....
....
....
....

Kommentar von Mama: ....
....
....
....

Kommentar von Papa: ....
....
....
....

Unser 9. Monat

Körpergröße: ....

Gewicht: ....

Kopfumfang: ....

Foto

Dein Fußabdruck:

Dein Handabdruck:

Du bringst uns zum lächeln wenn:

Das gefällt Dir sehr:

Das gefällt Dir gar nicht:

Das sind die Top Schlagzeilen diesen Monat:

Bundesliga Tabelle Platz 1-3:

Charts Platz 1-3:

Unsere 37. Woche

Datum: ....

Was hast Du diese Woche besonderes erlebt: ....
....
....
....
....
....

Was hast Du diese Woche neues gelernt: ....
....
....
....
....

Kommentar von Mama: .... Kommentar von Papa: ....
....
....
....

Unsere 38. Woche

Datum: ....

Was hast Du diese Woche besonderes erlebt: ....
....
....
....
....
....

Was hast Du diese Woche neues gelernt: ....
....
....
....
....

Kommentar von Mama: ....   Kommentar von Papa: ....
....
....
....

Unsere 39. Woche

Datum: ....

Was hast Du diese Woche besonderes erlebt: ....
....
....
....
....
....

Was hast Du diese Woche neues gelernt: ....
....
....
....
....

Kommentar von Mama: .... Kommentar von Papa: ....
....
....
....

Unsere 40. Woche

Datum: ....

Was hast Du diese Woche besonderes erlebt: ....

....

....

....

....

....

Was hast Du diese Woche neues gelernt: ....

....

....

....

....

Kommentar von Mama: ....

....

....

....

Kommentar von Papa: ....

....

....

....

Unser 10. Monat

Körpergröße: ....

Gewicht: ....

Kopfumfang: ....

Foto

Dein Fußabdruck:

Dein Handabdruck:

Du bringst uns zum lächeln wenn:

....

....

....

....

Das gefällt Dir sehr:

....

....

....

Das gefällt Dir gar nicht:

....

....

....

Das sind die Top Schlagzeilen diesen Monat:

....

....

....

....

Bundesliga Tabelle Platz 1-3:

....

....

....

Charts Platz 1-3:

....

....

....

Unsere 41. Woche

Datum: ....

Was hast Du diese Woche besonderes erlebt: ....

....

....

....

....

....

Was hast Du diese Woche neues gelernt: ....

....

....

....

....

Kommentar von Mama: .... Kommentar von Papa: ....

....

....

....

Unsere 42. Woche

Datum: .....

Was hast Du diese Woche besonderes erlebt: .....
....
....
....
....
....

Was hast Du diese Woche neues gelernt: .....
....
....
....
....

Kommentar von Mama: ..... Kommentar von Papa: .....
....
....
....

Unsere 43. Woche

Datum: ....

Was hast Du diese Woche besonderes erlebt: ....

....

....

....

....

....

Was hast Du diese Woche neues gelernt: ....

....

....

....

....

Kommentar von Mama: .... Kommentar von Papa: ....

....

....

....

Unsere 44. Woche

Datum: ....

Was hast Du diese Woche besonderes erlebt: ....
....
....
....
....
....

Was hast Du diese Woche neues gelernt: ....
....
....
....
....

Kommentar von Mama: .... Kommentar von Papa: ....
....
....
....

Unser 11. Monat

Körpergröße: ....

Gewicht: ....

Kopfumfang: ....

Foto

Dein Fußabdruck:

Dein Handabdruck:

Du bringst uns zum lächeln wenn:

Das gefällt Dir sehr:

Das gefällt Dir gar nicht:

Das sind die Top Schlagzeilen diesen Monat:

Bundesliga Tabelle Platz 1-3:

Charts Platz 1-3:

Unsere 45. Woche

Datum: ....

Was hast Du diese Woche besonderes erlebt: ....
....
....
....
....
....

Was hast Du diese Woche neues gelernt: ....
....
....
....
....

Kommentar von Mama: ....   Kommentar von Papa: ....
....
....
....

Unsere 46. Woche Datum: ....

Was hast Du diese Woche besonderes erlebt: ....
....
....
....
....
....

Was hast Du diese Woche neues gelernt: ....
....
....
....
....

Kommentar von Mama: .... Kommentar von Papa: ....
....
....
....

Unsere 47. Woche

Datum: ....

Was hast Du diese Woche besonderes erlebt: ....

....

....

....

....

....

Was hast Du diese Woche neues gelernt: ....

....

....

....

....

Kommentar von Mama: ....   Kommentar von Papa: ....

....

....

....

Unsere 48. Woche

Datum:

Was hast Du diese Woche besonderes erlebt:

Was hast Du diese Woche neues gelernt:

Kommentar von Mama:

Kommentar von Papa:

Unser 11. Monat

Körpergröße:

Gewicht:

Kopfumfang:

Dein Fußabdruck:

Foto

Dein Handabdruck:

Du bringst uns zum lächeln wenn:

Das gefällt Dir sehr:

Das gefällt Dir gar nicht:

Das sind die Top Schlagzeilen diesen Monat:

Bundesliga Tabelle Platz 1-3:

Charts Platz 1-3:

Unsere 49. Woche

Datum: ....

Was hast Du diese Woche besonderes erlebt: ....
....
....
....
....
....

Was hast Du diese Woche neues gelernt: ....
....
....
....
....

Kommentar von Mama: ....
....
....
....

Kommentar von Papa: ....
....
....
....

Unsere 50. Woche

Datum: ....

Was hast Du diese Woche besonderes erlebt: ....
....
....
....
....
....

Was hast Du diese Woche neues gelernt: ....
....
....
....
....

Kommentar von Mama: .... Kommentar von Papa: ....
....
....
....

Unsere 51. Woche

Datum: ....

Was hast Du diese Woche besonderes erlebt: ....

....

....

....

....

....

Was hast Du diese Woche neues gelernt: ....

....

....

....

....

Kommentar von Mama: .... Kommentar von Papa: ....

....

....

....

Unsere 52. Woche

Datum: ....

Was hast Du diese Woche besonderes erlebt: ....

....

....

....

....

....

Was hast Du diese Woche neues gelernt: ....

....

....

....

....

Kommentar von Mama: .... Kommentar von Papa: ....

....

....

....

Unser 12. Monat

Körpergröße: ....

Gewicht: ....

Kopfumfang: ....

Dein Fußabdruck:

Foto

Dein Handabdruck:

Du bringst uns zum lächeln wenn:

....

....

....

....

Das gefällt Dir sehr:

....

....

....

Das gefällt Dir gar nicht:

....

....

....

Das sind die Top Schlagzeilen diesen Monat:

....

....

....

....

Bundesliga Tabelle Platz 1-3:

....

....

....

Charts Platz 1-3:

....

....

....

Printed in France by Amazon
Brétigny-sur-Orge, FR